In diesem Heft lernst du, welche Wörter du mit großem Anfangsbuchstaben schreiben musst.

Alle Nomen (Namenwörter) schreibt man groß.
Wörter für **Menschen**, **Tiere**, **Pflanzen** und **Dinge** sind Nomen.

*Diese Regel ist ja wirklich leicht.*

Verbinde die Bilder zum richtigen Wort.

| Menschen | Tiere | Pflanzen | Dinge |
|---|---|---|---|

1

Wörter für Menschen

Setze aus den Silben Wörter für Menschen zusammen.
Schreibe sie noch einmal mit Artikel auf.

| | | | | | |
|---|---|---|---|---|---|
| ~~Mut~~ | Va | Tan | Bru | Schwes | On |
| der | kel | ~~ter~~ | te | ter | ter |

die Mutter,

| | | | | |
|---|---|---|---|---|
| Jun | Freun | Nach | Mäd | El |
| din | chen | ge | tern | bar |

der

Trenne die Wörter für Tiere in der Wörterschlange ab.
Schreibe sie richtig in den Satz.

Denke daran, dass du den ersten Buchstaben großschreiben musst.

AFFEPINGUINLÖWERAUPEPAPAGEIKRÖTE

Der _____ hat eine dicke gelbe Mähne.

Die _____ frisst sich durch viele grüne Blätter.

Der _____ frisst gern Bananen.

Der _____ zeigt seine schönen bunten Federn.

Die _____ versteckt sich in einem Erdloch.

Der _____ wärmt sein Ei zwischen seinen Füßen.

3

Setze die Wörter für Pflanzen zusammen.
Schreibe sie noch einmal auf.

| Apfel • | • zwiebel | | Sonnen • | • gurke |
| Löwen • | • baum | | Blumen • | • blume |
| Tulpen • | • zahn | | Salat • | • kohl |

der

Schreibe die Wörter für Dinge an die richtige Stelle.

| Lampe | Schal | Glas | Messer | Buch | Brot |
|---|---|---|---|---|---|
| Tür | Wurst | Stift | Bett | Bus | Kamm |

die

die

der

5

Male die Nomen so an:
**Menschen rot**, **Tiere braun**, **Pflanzen grün** und **Dinge gelb**.
Schreibe sie dann an die richtige Stelle.

| das Kind | die Eule | der Stuhl | die Tomate |

| das Telefon | die Zitrone | die Eltern | der Esel |

| der Bäcker | die Tasche | die Tanne | die Biene |

Menschen:

Tiere:

Pflanzen:

Dinge:

Finde in jeder Zeile drei Nomen. Schreibe sie in die Linien.
Male sie in der Tabelle an: **Menschen rot**, **Tiere braun**,
**Pflanzen grün** und **Dinge gelb**.

| 1 | Fahrrad | Schaukel | langsam | Mädchen |
|---|---------|----------|---------|---------|
| 2 | Rose | schnell | Katze | Mutter |
| 3 | Birnbaum | Freund | Affe | platzen |
| 4 | Kaninchen | rennt | Schere | Erdbeere |

| 1 | das Fahrrad, |
|---|---|
| 2 | |
| 3 | |
| 4 | |

Nomen haben Artikel: **der – die – das**

Manche sagen dazu auch Begleiter.

Schreibe zu jedem Bild das passende Nomen mit Artikel.
Male die Artikel rot an.

der Elefant     das Nashorn     die Giraffe     der Bär

das Pferd     das Zebra     das Kamel     die Kuh

Setze die Dinge aus den Silben zusammen. Male sie in derselben Farbe an.
Schreibe sie dann zum richtigen Artikel.

| Löf | Tel | Tas | Mes | Kan | Ge |

| ler | schirr | ser | se | fel | ne |

der:

die:

das:

Nomen können auch unbestimmte Artikel haben.
**ein – eine**

Verbinde die Wörter mit dem passenden unbestimmten Artikel.

| ein | eine |

Schreibe den unbekannten Artikel zu den Wörtern

 Buch     Spiel     Brotdose

 Lampe    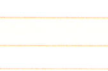 Spitzer     Schwamm

Trenne die Wörter in der Wörterschlange ab.
Schreibe die Nomen zum richtigen unbestimmten Artikel.

Denke an den großen Anfangsbuchstaben!

MÜTZESCHALHOSESTRUMPFGÜRTELJACKESCHUHBLUSE

eine:

ein:

# Viel Spaß!

Denke daran, es gibt auch Silbenkönige aus zwei Buchstaben.

Kannst du das lesen? Alle Silbenkönige sind verschwunden!
Beantworte die Fragen.

L**o**tzt**o**s J**o**hr w**o**r F**o**l**o**x **o**n d**o**n S**o**mm**o**rf**o**r**oo**n **o**m M**oo**r.

**O**r k**o**nnt**o** j**o**d**o**n T**o**g schw**o**mm**o**n **o**nd **oo**n**o** S**o**ndb**o**rg b**ooo**n.

S**oo**n**o** Schw**o**st**o**r L**o**s**o** w**o**r **oo**ch d**o**b**oo**.

Wie heißt der Junge in der Geschichte?

Wo war er?

Was konnte er dort machen?

Wer war auch mit dabei?

Kreise alle Nomen ein.
Schreibe sie mit Artikel und mit der Mehrzahl auf.

Wenn *das Wort* einen Artikel haben kann, ist es ein Nomen!

SCHNELL (HAUS) OFT BRUDER DIE GARTEN LAMPE

UND ESEL KURZ STEIN IST FILM WILL RING

das Haus, die Häuser

**Einzahl und Mehrzahl**

13

Nomen können in der **Einzahl** und in der **Mehrzahl** stehen.

Schreibe zu jedem Nomen die passende Mehrzahl auf.

Schafe    Pferde    Igel    Hunde    Vögel    Zebras    Würmer    Affen    Enten    Eulen

ein 🐑 viele _____

ein 🐵 viele _____

eine 🦉 viele _____

ein 🐦 viele _____

ein 🐕 viele _____

eine 🦆 viele _____

ein 🦓 viele _____

ein 🐴 viele _____

ein 🪱 viele _____

ein 🦔 viele _____

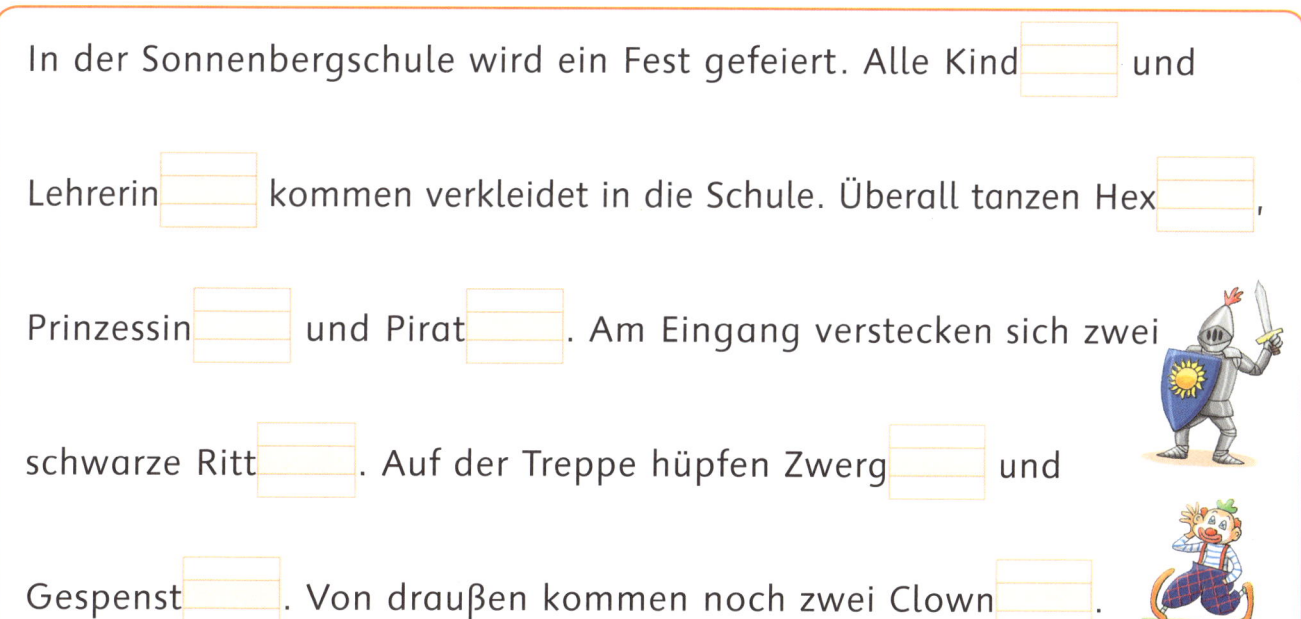

Nomen verändern sich oft in der Mehrzahl.
Das Wort klingt am Ende anders als in der Einzahl.

Bei allen Nomen in der Mehrzahl fehlt das Ende.
Schreibe es dazu.

In der Sonnenbergschule wird ein Fest gefeiert. Alle Kind_____ und

Lehrerin_____ kommen verkleidet in die Schule. Überall tanzen Hex_____,

Prinzessin_____ und Pirat_____. Am Eingang verstecken sich zwei

schwarze Ritt_____. Auf der Treppe hüpfen Zwerg_____ und

Gespenst_____. Von draußen kommen noch zwei Clown_____.

15

Schreibe zu den Nomen die Mehrzahl dazu. Die Reimwörter können dir helfen.

Schränke   Schilder   Stöcke   Rosen   Tücher   Flaschen

eine  viele _____        eine viele _____

ein Schr _____ viele _____        eine Fl _____ viele _____

ein 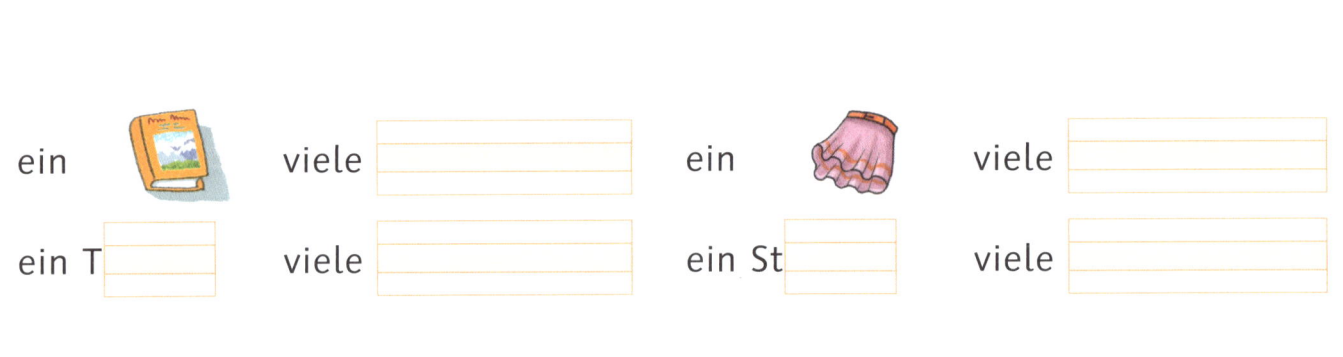 viele _____        ein viele _____

ein T _____ viele _____        ein St _____ viele _____

ein viele _____        eine viele _____

ein Sch _____ viele _____        eine R _____ viele _____

16

Setze die Nomen in der Mehrzahl aus den Silben zusammen.
Schreibe dann die Einzahl dazu.

| Schif | Kin | Ber | Ster | | Tas | Kat | Pup | Frau |
|---|---|---|---|---|---|---|---|---|
| ne | ge | fe | der | | pen | en | sen | zen |

viele **Schiffe** – ein _____    viele _____ – eine _____

viele _____ – ein _____    viele _____ – eine _____

viele _____ – ein _____    viele _____ – eine _____

viele _____ – ein _____    viele _____ – eine _____

Finde in jedem Satz zwei Nomen. Male sie an.
Schreibe den Satz richtig auf.

AUF DEM BAUERNHOF LEBEN VIELE KÜHE.

SIE GEBEN UNS FLEISCH UND MILCH.

AUS IHRER HAUT WIRD LEDER HERGESTELLT.

DARAUS MACHT MAN TASCHEN UND SCHUHE.

In jeder Schlange sind drei Nomen versteckt.
Male sie an und schreibe sie noch einmal richtig auf.

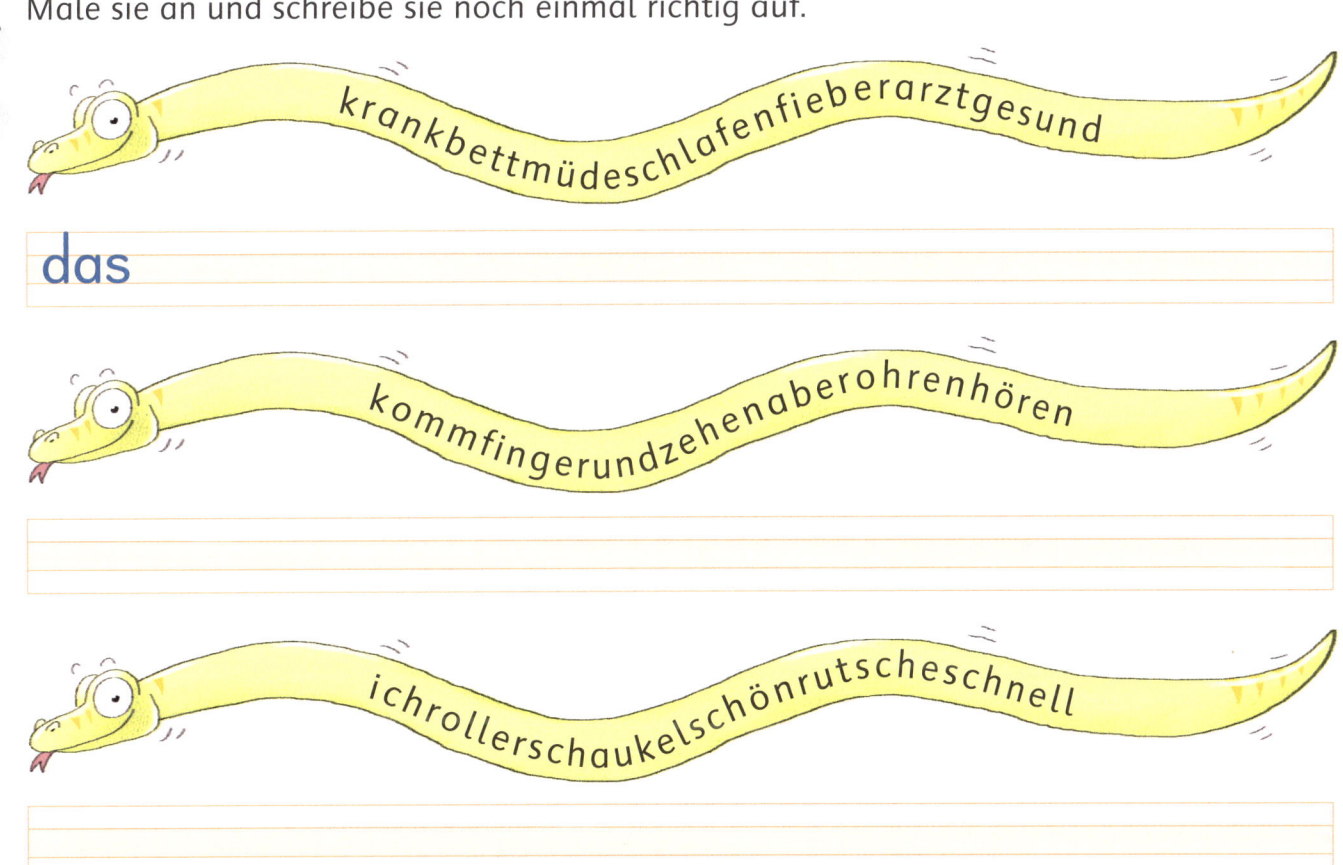

krankbettmüdeschlafenfieberarztgesund

das

kommfingerundzehenaberohrenhören

ichrollerschaukelschönrutscheschnell

19

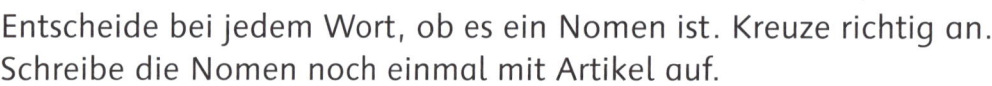

Entscheide bei jedem Wort, ob es ein Nomen ist. Kreuze richtig an.
Schreibe die Nomen noch einmal mit Artikel auf.

|  | Nomen | kein Nomen |  | Nomen | kein Nomen |
|---|---|---|---|---|---|
| BAGGER | ○ | ○ | ERKÄLTUNG | ○ | ○ |
| MÜDE | ○ | ○ | GESPRUNGEN | ○ | ○ |
| HAUSTÜR | ○ | ○ | WEICH | ○ | ○ |
| APFEL | ○ | ○ | FREUNDIN | ○ | ○ |
| MUTIG | ○ | ○ | FÄLLT | ○ | ○ |

der

Finde in jeder Zeile drei Nomen. Male sie an.
Schreibe sie unten noch einmal mit Artikel auf.

| 1 | MANDARINE | MILCH | LACHEN | HERBST |
|---|-----------|-------|--------|--------|
| 2 | KUCHEN | SCHNELL | KATZE | FAHRRAD |
| 3 | BLAU | ZIMMER | BUNTSTIFT | ROBBE |
| 4 | PIRAT | NEU | TEE | KAKTUS |

| 1 | die |
|---|-----|
| 2 | |
| 3 | |
| 4 | |

# Viel Spaß!

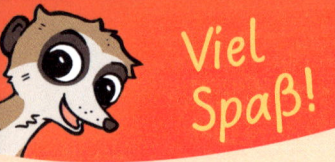

Das brauchst du alles in der Schule!

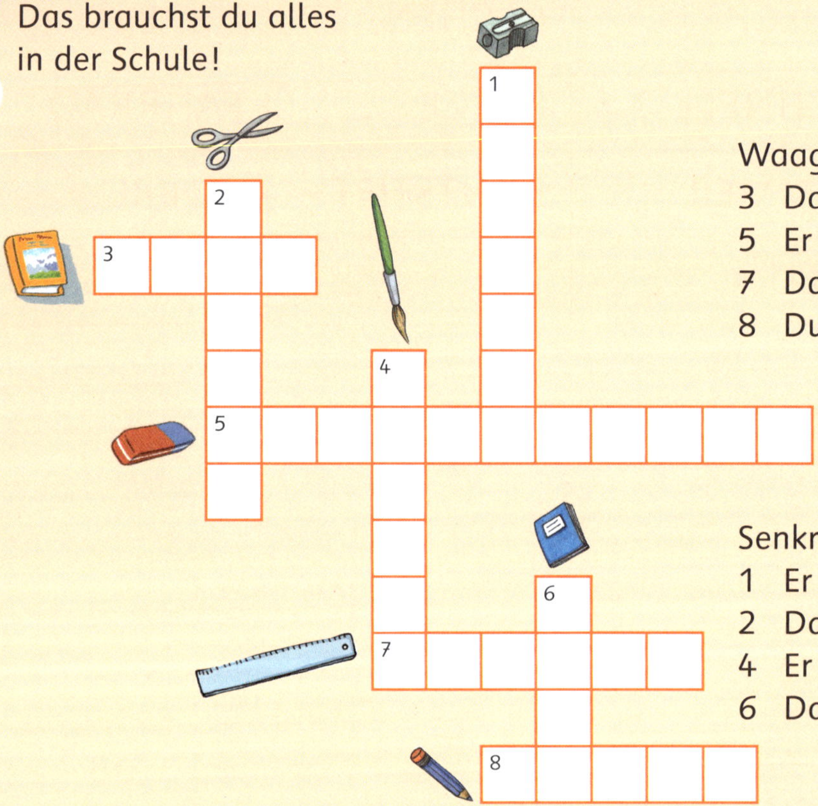


Waagerecht →

3 Darin kannst du lesen.

5 Er entfernt falsche Buchstaben.

7 Damit zeichnest du gerade Linien.

8 Du brauchst ihn zum Schreiben.

Senkrecht ↓

1 Er macht deine Stifte wieder spitz.

2 Damit kannst du schneiden.

4 Er malt mit Wasserfarben.

6 Da kannst du alles hineinschreiben.

**In diesem Heft lernst du, welche Wörter du mit großem Anfangsbuchstaben schreiben musst.**

Alle Nomen (Namenwörter) schreibt man groß.
Wörter für **Menschen**, **Tiere**, **Pflanzen** und **Dinge** sind Nomen.

*Diese Regel ist ja wirklich leicht.*

Verbinde die Bilder zum richtigen Wort.

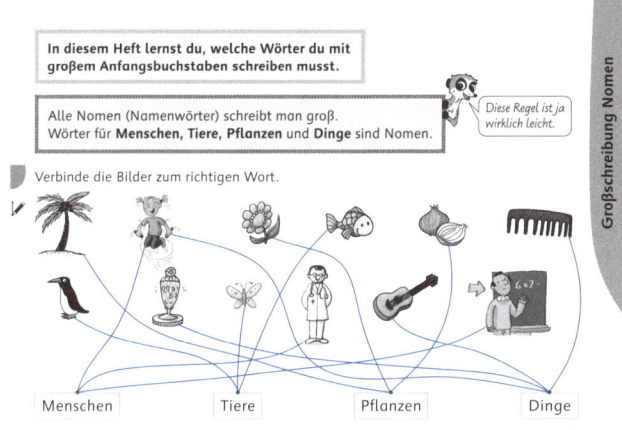

Menschen    Tiere    Pflanzen    Dinge

1

---

Setze aus den Silben Wörter für Menschen zusammen.
Schreibe sie noch einmal mit Artikel auf.

Mut | Va | Tan | Bru | Schwes | On
der | kel | ter | te | ter | ter

die Mutter, der Vater, der Onkel, die Tante,
der Bruder, die Schwester

Jun | Freun | Nach | Mäd | El
din | chen | ge | tern | bar

der Junge, das Mädchen, die Freundin,
der Nachbar, die Eltern

2

---

Trenne die Wörter für Tiere in der Wörterschlange ab.
Schreibe sie richtig in den Satz.

*Denke daran, dass du den ersten Buchstaben großschreiben musst.*

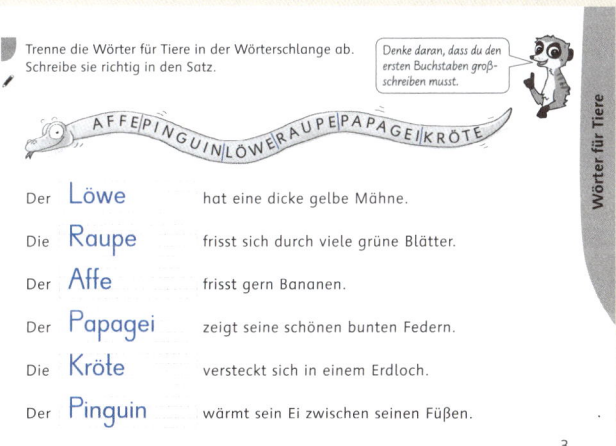

AFFEPINGUINLÖWERAUPEPAPAGEIKRÖTE

Der **Löwe** hat eine dicke gelbe Mähne.

Die **Raupe** frisst sich durch viele grüne Blätter.

Der **Affe** frisst gern Bananen.

Der **Papagei** zeigt seine schönen bunten Federn.

Die **Kröte** versteckt sich in einem Erdloch.

Der **Pinguin** wärmt sein Ei zwischen seinen Füßen.

3

---

Setze die Wörter für Pflanzen zusammen.
Schreibe sie noch einmal auf.

Apfel — zwiebel
Löwen — baum
Tulpen — zahn

Sonnen — gurke
Blumen — blume
Salat — kohl

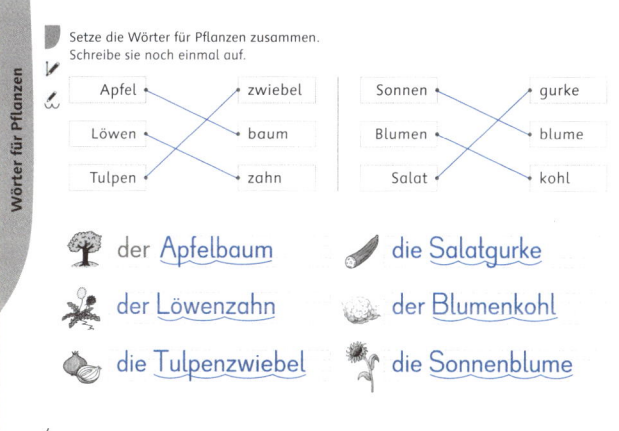

der Apfelbaum    die Salatgurke

der Löwenzahn    der Blumenkohl

die Tulpenzwiebel    die Sonnenblume

4

## Wörter für Dinge

Schreibe die Wörter für Dinge an die richtige Stelle.

Lampe   Schal   Glas   Messer   Buch   Brot
Tür   Wurst   Stift   Bett   Bus   Kamm

die Tür       die Lampe       der Kamm

das Brot      das Glas        das Buch

das Bett      der Stift       der Schal

der Bus       die Wurst       das Messer

5

## Großschreibung Nomen

Male die Nomen so an:
Menschen rot, **Tiere braun**, Pflanzen grün und Dinge gelb.
Schreibe sie dann an die richtige Stelle.

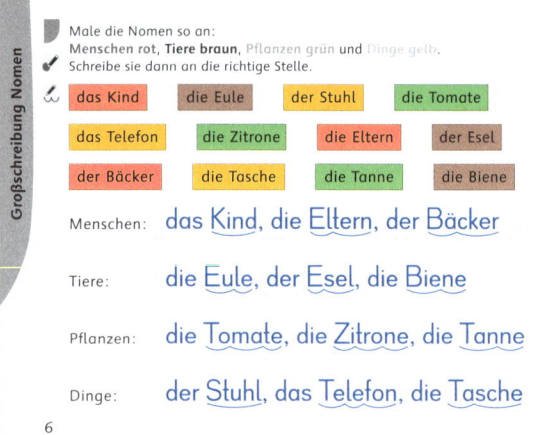

das Kind    die Eule    der Stuhl    die Tomate

das Telefon    die Zitrone    die Eltern    der Esel

der Bäcker    die Tasche    die Tanne    die Biene

Menschen:   das Kind, die Eltern, der Bäcker

Tiere:   die Eule, der Esel, die Biene

Pflanzen:   die Tomate, die Zitrone, die Tanne

Dinge:   der Stuhl, das Telefon, die Tasche

6

## Großschreibung Nomen

Finde in jeder Zeile drei Nomen. Schreibe sie in die Linien.
Male sie in der Tabelle an: Menschen rot, **Tiere braun**,
Pflanzen grün und Dinge gelb.

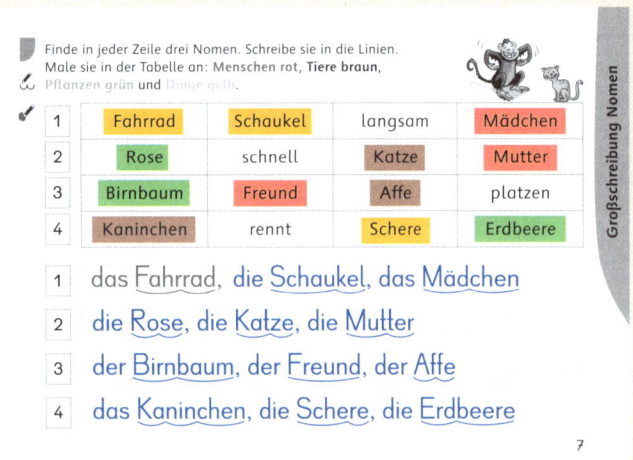

| | | | |
|---|---|---|---|
| 1 | Fahrrad | Schaukel | langsam | Mädchen |
| 2 | Rose | schnell | Katze | Mutter |
| 3 | Birnbaum | Freund | Affe | platzen |
| 4 | Kaninchen | rennt | Schere | Erdbeere |

1   das Fahrrad, die Schaukel, das Mädchen

2   die Rose, die Katze, die Mutter

3   der Birnbaum, der Freund, der Affe

4   das Kaninchen, die Schere, die Erdbeere

7

## Nomen und ihre Artikel

Nomen haben Artikel: der – die – das

Manche sagen dazu auch Begleiter.

Schreibe zu jedem Bild das passende Nomen mit Artikel.
Male die Artikel rot an.

der Elefant    das Nashorn    die Giraffe    der Bär

das Pferd    das Zebra    das Kamel    die Kuh

die Giraffe          der Bär

das Pferd            das Nashorn

das Kamel            der Elefant

das Zebra            die Kuh

8

24

Setze die Dinge aus den Silben zusammen. Male sie in derselben Farbe an.
Schreibe sie dann zum richtigen Artikel.

| Löf | Tel | Tas | Mes | Kan | Ge |

| ler | schirr | ser | se | fel | ne |

der: Löffel, Teller

die: Tasse, Kanne

das: Messer, Geschirr

9

---

Nomen können auch unbestimmte Artikel haben.
**ein – eine**

Verbinde die Wörter mit dem passenden unbestimmten Artikel.

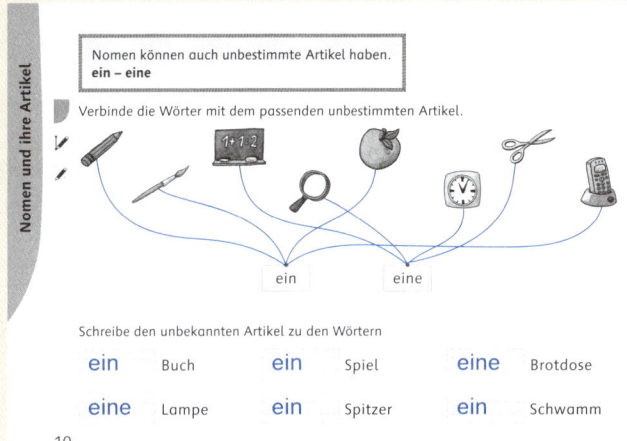

ein    eine

Schreibe den unbekannten Artikel zu den Wörtern

ein Buch          ein Spiel          eine Brotdose

eine Lampe        ein Spitzer        ein Schwamm

10

---

Trenne die Wörter in der Wörterschlange ab.
Schreibe die Nomen zum richtigen unbestimmten Artikel.

Denke an den großen Anfangsbuchstaben!

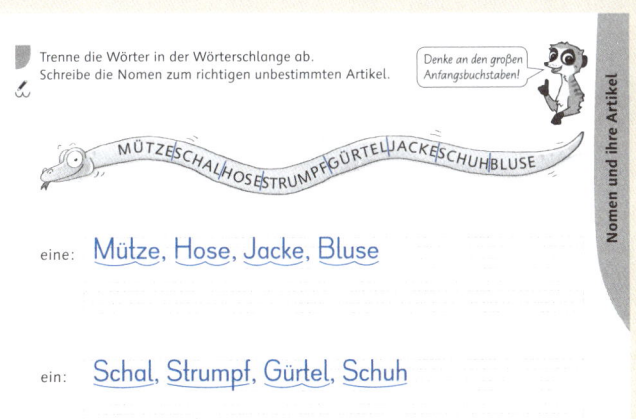

MÜTZESCHALHOSESTRUMPFGÜRTELJACKESCHUHBLUSE

eine: Mütze, Hose, Jacke, Bluse

ein: Schal, Strumpf, Gürtel, Schuh

11

---

Viel Spaß!

Denke daran, es gibt auch Silbenkönige aus zwei Buchstaben.

Kannst du das lesen? Alle Silbenkönige sind verschwunden!
Beantworte die Fragen.

Letztes Jahr war Felix an den Sommerferien am Meer.

Er konnte jeden Tag schwimmen und eine Sandburg bauen.

Seine Schwester Lisa war auch dabei.

Wie heißt der Junge in der Geschichte? Felix

Wo war er? am Meer

Was konnte er dort machen? schwimmen, Sandburgen
bauen

Wer war auch mit dabei? Lisa

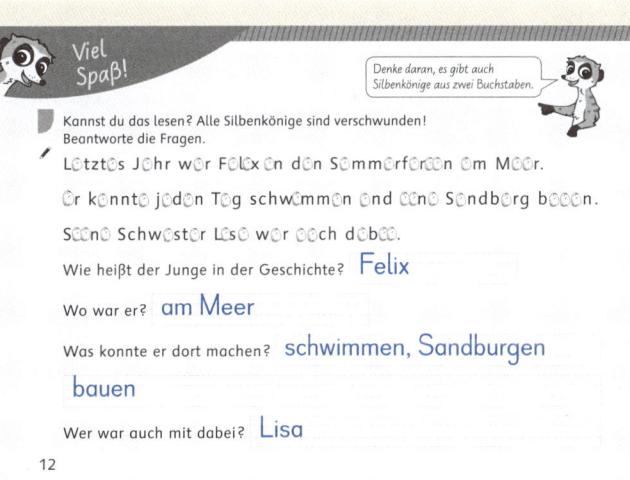

12

Kreise alle Nomen ein.
Schreibe sie mit Artikel und mit der Mehrzahl auf.

*Wenn das Wort einen Artikel haben kann, ist es ein Nomen!*

SCHNELL (HAUS) OFT (BRUDER) (DIE) (GARTEN) (LAMPE)
UND (ESEL) KURZ (STEIN) IST (FILM) WILL (RING)

das Haus, die Häuser          der Esel, die Esel

der Bruder, die Brüder        der Stein, die Steine

der Garten, die Gärten        der Film, die Filme

die Lampe, die Lampen         der Ring, die Ringe

13

---

**Nomen** können in der **Einzahl** und in der **Mehrzahl** stehen.

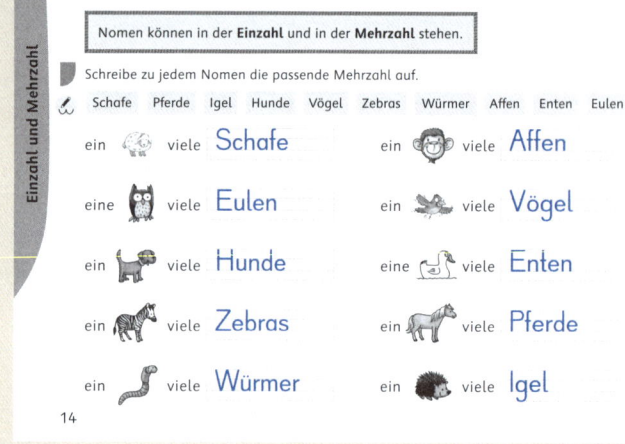

Schreibe zu jedem Nomen die passende Mehrzahl auf.

Schafe   Pferde   Igel   Hunde   Vögel   Zebras   Würmer   Affen   Enten   Eulen

ein 🐑 viele **Schafe**          ein 🐵 viele **Affen**

eine 🦉 viele **Eulen**         ein 🐦 viele **Vögel**

ein 🐕 viele **Hunde**         eine 🦆 viele **Enten**

ein 🦓 viele **Zebras**        ein 🐴 viele **Pferde**

ein 🐛 viele **Würmer**        ein 🦔 viele **Igel**

14

---

Nomen verändern sich oft in der Mehrzahl.
Das Wort klingt am Ende anders als in der Einzahl.

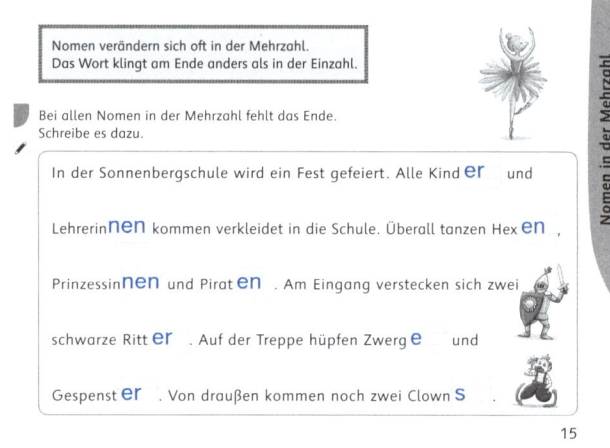

Bei allen Nomen in der Mehrzahl fehlt das Ende.
Schreibe es dazu.

In der Sonnenbergschule wird ein Fest gefeiert. Alle Kind **er** und

Lehrerin**nen** kommen verkleidet in die Schule. Überall tanzen Hex **en** ,

Prinzessin**nen** und Pirat **en** . Am Eingang verstecken sich zwei

schwarze Ritt **er** . Auf der Treppe hüpfen Zwerg **e** und

Gespenst **er** . Von draußen kommen noch zwei Clown **s** .

15

---

Schreibe zu den Nomen die Mehrzahl dazu. Die Reimwörter können dir helfen.

Schränke   Schilder   Stöcke   Rosen   Tücher   Flaschen

eine 🪑 viele **Bänke**          eine 👜 viele **Taschen**

ein Schr**ank** viele **Schränke**   eine Fl**asche** viele **Flaschen**

ein 📖 viele **Bücher**         ein 👖 viele **Röcke**

ein T**uch** viele **Tücher**      ein St**ock** viele **Stöcke**

ein 🖼 viele **Bilder**         eine 👖 viele **Hosen**

ein Sch**ild** viele **Schilder**    eine R**ose** viele **Rosen**

16

---

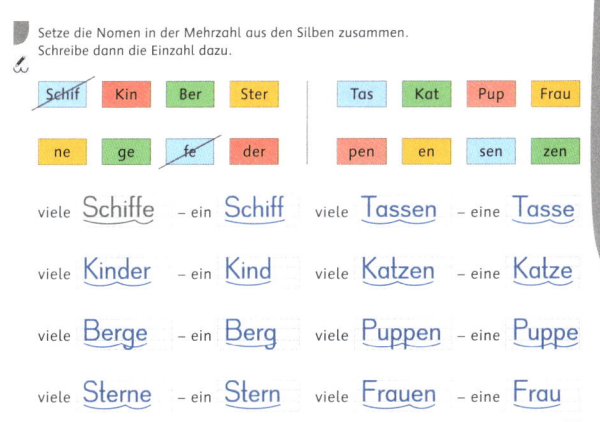

Setze die Nomen in der Mehrzahl aus den Silben zusammen.
Schreibe dann die Einzahl dazu.

| ~~Schif~~ | Kin | Ber | Ster | | Tas | Kat | Pup | Frau |
|---|---|---|---|---|---|---|---|---|
| ne | ge | ~~fe~~ | der | | pen | en | sen | zen |

viele Schiffe – ein Schiff    viele Tassen – eine Tasse

viele Kinder – ein Kind    viele Katzen – eine Katze

viele Berge – ein Berg    viele Puppen – eine Puppe

viele Sterne – ein Stern    viele Frauen – eine Frau

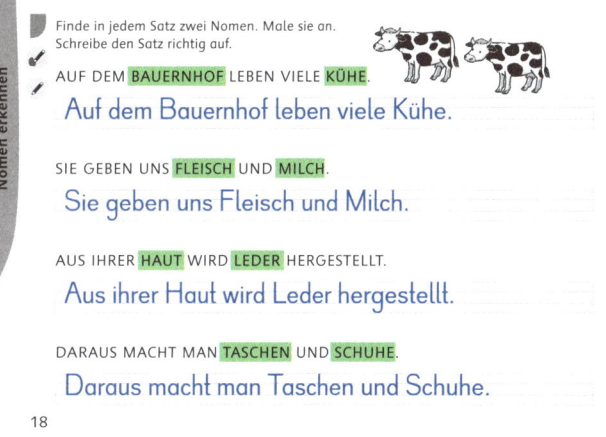

Finde in jedem Satz zwei Nomen. Male sie an.
Schreibe den Satz richtig auf.

AUF DEM BAUERNHOF LEBEN VIELE KÜHE.

Auf dem Bauernhof leben viele Kühe.

SIE GEBEN UNS FLEISCH UND MILCH.

Sie geben uns Fleisch und Milch.

AUS IHRER HAUT WIRD LEDER HERGESTELLT.

Aus ihrer Haut wird Leder hergestellt.

DARAUS MACHT MAN TASCHEN UND SCHUHE.

Daraus macht man Taschen und Schuhe.

In jeder Schlange sind drei Nomen versteckt.
Male sie an und schreibe sie noch einmal richtig auf.

krankbettmüdeschlafenfieberarztgesund

das Bett, das Fieber, der Arzt

kommfingerundzehenaberohrenhören

die Finger, die Zehen, die Ohren

ichrollerschaukelschönrutscheschnell

der Roller, die Schaukel, die Rutsche

Entscheide bei jedem Wort, ob es ein Nomen ist. Kreuze richtig an.
Schreibe die Nomen noch einmal mit Artikel auf.

| | Nomen | kein Nomen | | Nomen | kein Nomen |
|---|---|---|---|---|---|
| BAGGER | ✗ | ○ | ERKÄLTUNG | ✗ | ○ |
| MÜDE | ○ | ✗ | GESPRUNGEN | ○ | ✗ |
| HAUSTÜR | ✗ | ○ | WEICH | ○ | ✗ |
| APFEL | ✗ | ○ | FREUNDIN | ✗ | ○ |
| MUTIG | ○ | ✗ | FÄLLT | ○ | ✗ |

der Bagger, die Haustür, der Apfel,

die Erkältung, die Freundin

Einzahl und Mehrzahl

Nomen erkennen

Nomen erkennen

Lösungen

17

18

19

20

27

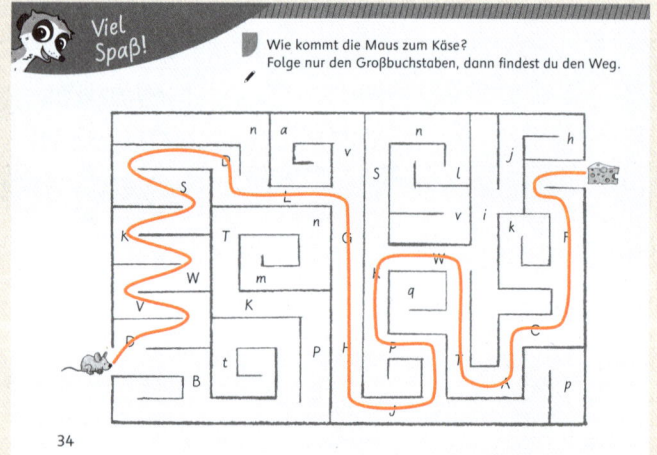
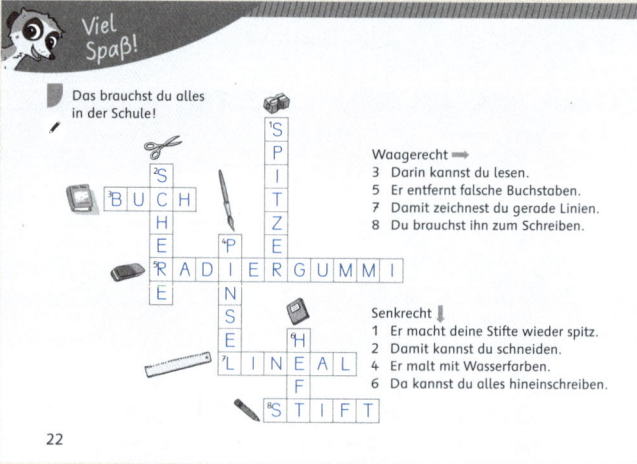

## Panel 1 (page 21)

Finde in jeder Zeile drei Nomen. Male sie an.
Schreibe sie unten noch einmal mit Artikel auf.

| 1 | MANDARINE | MILCH | LACHEN | HERBST |
| 2 | KUCHEN | SCHNELL | KATZE | FAHRRAD |
| 3 | BLAU | ZIMMER | BUNTSTIFT | ROBBE |
| 4 | PIRAT | NEU | TEE | KAKTUS |

1 die Mandarine, die Milch, der Herbst

2 der Kuchen, die Katze, das Fahrrad

3 das Zimmer, der Buntstift, die Robbe

4 der Pirat, der Tee, der Kaktus

21

## Panel 2 (page 22)

Viel Spaß!

Das brauchst du alles in der Schule!

Waagerecht ➡
3 Darin kannst du lesen.
5 Er entfernt falsche Buchstaben.
7 Damit zeichnest du gerade Linien.
8 Du brauchst ihn zum Schreiben.

Senkrecht ⬇
1 Er macht deine Stifte wieder spitz.
2 Damit kannst du schneiden.
4 Er malt mit Wasserfarben.
6 Da kannst du alles hineinschreiben.

Kreuzworträtsel:
²SCHERE
BUCH
SPITZER
PINSEL
RADIERGUMMI
HEFT
LINEAL
STIFT

22

## Panel 3 (page 34)

Viel Spaß!

Wie kommt die Maus zum Käse?
Folge nur den Großbuchstaben, dann findest du den Weg.

34

## Panel 4 (page 35)

Ein Nomen kann aus zwei oder mehreren Wörtern zusammengesetzt sein.

Setze zusammen und schreibe auf.

Baumhaus        Fingernagel        Hausschuh

Fußball        Apfelkuchen        Obstkorb

Regenwolke        Autotür        Vogelhaus

35

Welche zwei Nomen sind hier zusammengesetzt?
Trenne sie ab und schreibe sie noch einmal auf.

das Segel|boot — das Segel, das Boot

der Schnee|mann — der Schnee, der Mann

die Tafel|kreide — die Tafel, die Kreide

der Zahn|arzt — der Zahn, der Arzt

das Würfel|spiel — der Würfel, das Spiel

der Regen|wurm — der Regen, der Wurm

die Taucher|brille — der Taucher, die Brille

36

Finde im Text alle zusammengesetzten Nomen und male sie an.
Schreibe sie unten getrennt auf.

Heute ist das **Schulfest**. Zum Glück ist herrliches **Sommerwetter**.
Am **Waffelstand** stehen schon viele Kinder.
Manche wollen auch zum **Angelspiel** und zur **Torwand**.
Im Garten gibt es **Grillwürstchen**.

Schulfest – die Schule, das Fest

Sommerwetter – der Sommer, das Wetter

Waffelstand – die Waffel, der Stand

Angelspiel – die Angel, das Spiel

Torwand – das Tor, die Wand

Grillwürstchen – der Grill, das Würstchen

37

Setze aus den Nomen verschiedene neue Wörter zusammen.
Schreibe sie dann unten in die Linien.

die Zimmertür, die Gartentür, die Haustür

der Nudelsalat, der Eiersalat, der Obstsalat

die Tennisschuhe, die Ballettschuhe,

die Fußballschuhe

38

Außer den **Nomen** werden auch alle Wörter groß-
geschrieben, die **am Anfang eines Satzes** stehen.

Egal, was es für
ein Wort ist!

**1** Male in jedem Satz den Satzanfang und alle Nomen bunt an.

**Auf** dem **Schulhof** gibt es ein **Baumhaus** und ein **Klettergerüst**.
**Jonas** und **Amir** klettern die **Leiter** zum **Baumhaus** hoch.
**Sie** lachen laut und rufen ihre **Freunde**.

**2** Schreibe am Satzanfang den richtigen Buchstaben dazu.
Denke daran, dass du ihn großschreiben musst. Male alle Nomen an.

**Z**wei **Mädchen** laufen zum **Klettergerüst**.

**J**edes will zuerst dort sein.

**A**ber da ist die **Pause** schon wieder zu **Ende**.

40

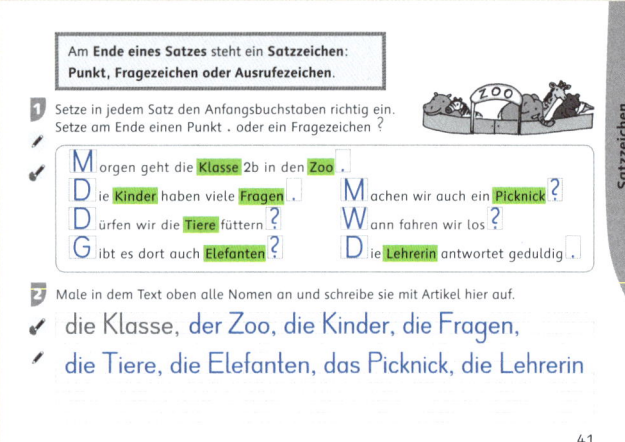

> Am **Ende eines Satzes** steht ein **Satzzeichen**:
> Punkt, Fragezeichen oder Ausrufezeichen.

**1** Setze in jedem Satz den Anfangsbuchstaben richtig ein.
Setze am Ende einen Punkt . oder ein Fragezeichen ?

**M** orgen geht die Klasse 2b in den Zoo .
**D** ie Kinder haben viele Fragen .   **M** achen wir auch ein Picknick ?
**D** ürfen wir die Tiere füttern ?   **W** ann fahren wir los ?
**G** ibt es dort auch Elefanten ?   **D** ie Lehrerin antwortet geduldig .

**2** Male in dem Text oben alle Nomen an und schreibe sie mit Artikel hier auf.

die Klasse, der Zoo, die Kinder, die Fragen,
die Tiere, die Elefanten, das Picknick, die Lehrerin

*Satzzeichen*

41

---

Finde in jedem Satz ein oder mehrere Nomen.
Male sie an und schreibe den Satz noch einmal richtig auf.

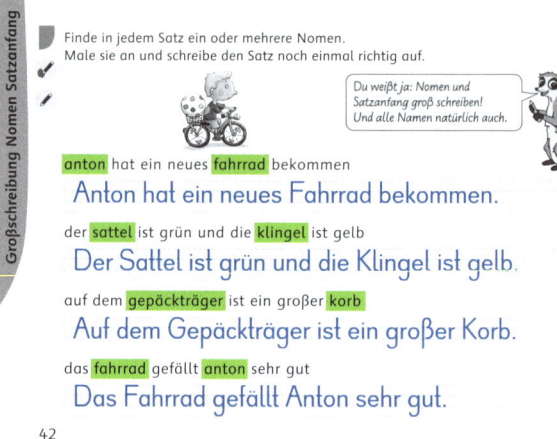

> Du weißt ja: Nomen und
> Satzanfang groß schreiben!
> Und alle Namen natürlich auch.

anton hat ein neues fahrrad bekommen

Anton hat ein neues Fahrrad bekommen.

der sattel ist grün und die klingel ist gelb

Der Sattel ist grün und die Klingel ist gelb.

auf dem gepäckträger ist ein großer korb

Auf dem Gepäckträger ist ein großer Korb.

das fahrrad gefällt anton sehr gut

Das Fahrrad gefällt Anton sehr gut.

*Großschreibung Nomen Satzanfang*

42

---

Bilde aus den Wörtern Sätze und schreibe sie auf.
Schreibe den Satzanfang und alle Nomen groß.
Setze am Ende das richtige Satzzeichen.

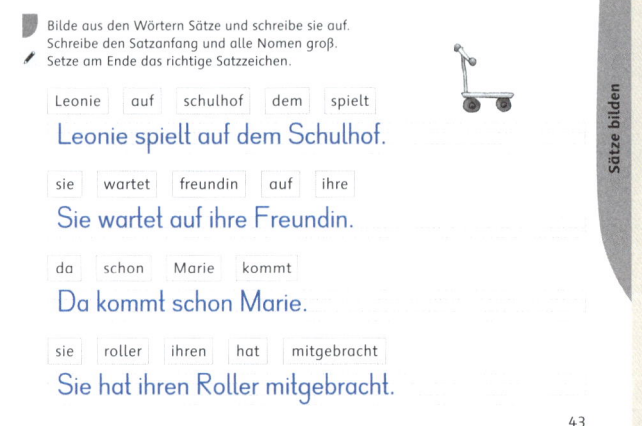

Leonie | auf | schulhof | dem | spielt

Leonie spielt auf dem Schulhof.

sie | wartet | freundin | auf | ihre

Sie wartet auf ihre Freundin.

da | schon | Marie | kommt

Da kommt schon Marie.

sie | roller | ihren | hat | mitgebracht

Sie hat ihren Roller mitgebracht.

*Sätze bilden*

43

---

Trenne in den Wörterschlangen die Wörter ab.
Male den Satzanfang und alle Nomen an.
Schreibe die Sätze richtig auf.

> Vergiss am Ende
> den Punkt nicht.

milchistfürkindersehrgesund

Milch ist für Kinder sehr gesund.

sieistwichtigfürknochenundzähne

Sie ist wichtig für Knochen und Zähne.

ausmilchmachtmankäseundquark

Aus Milch macht man Käse und Quark.

*Großschreibung Nomen Satzanfang*

44

Setze in jedem Satz den Satzanfang richtig ein.
Male alle Nomen an. Schreibe sie mit Artikel in die Linien.

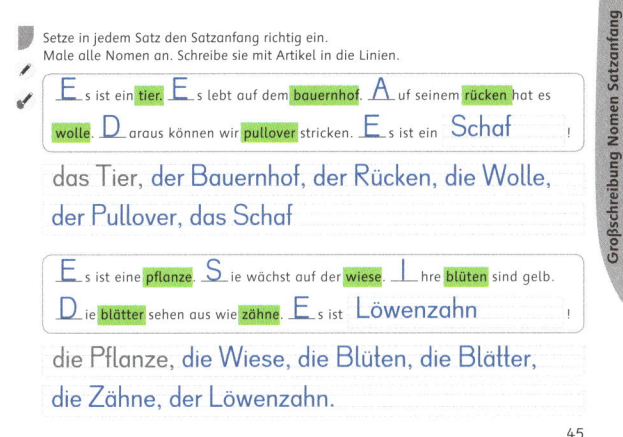

E s ist ein tier. E s lebt auf dem bauernhof. A uf seinem rücken hat es
wolle. D araus können wir pullover stricken. E s ist ein Schaf !

das Tier, der Bauernhof, der Rücken, die Wolle,
der Pullover, das Schaf

E s ist eine pflanze. S ie wächst auf der wiese. I hre blüten sind gelb.
D ie blätter sehen aus wie zähne. E s ist Löwenzahn !

die Pflanze, die Wiese, die Blüten, die Blätter,
die Zähne, der Löwenzahn.

45

Manchmal ist gar kein Artikel im Satz. Dann musst
du überlegen, ob das Wort einen Artikel **haben kann**.

Das ist ganz schön schwer!
Überprüfe jedes Wort.

Male in jedem Satz das Nomen an und schreibe es mit Artikel auf.

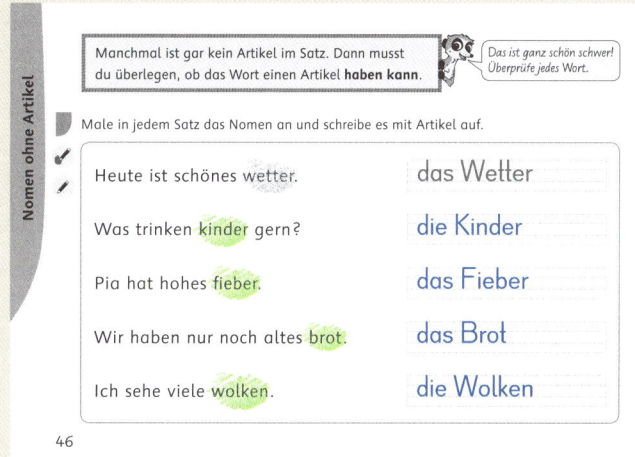

| Heute ist schönes wetter. | das Wetter |
| Was trinken kinder gern? | die Kinder |
| Pia hat hohes fieber. | das Fieber |
| Wir haben nur noch altes brot. | das Brot |
| Ich sehe viele wolken. | die Wolken |

46

Setze aus den Wörtern passende Sätze zusammen.
Schreibe sie richtig in die Linien.

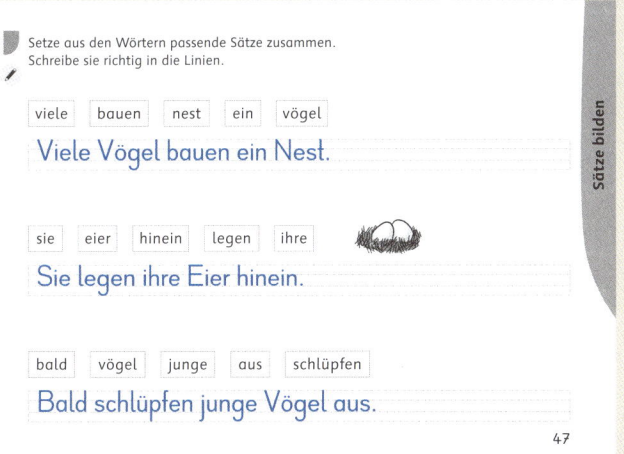

viele | bauen | nest | ein | vögel

Viele Vögel bauen ein Nest.

sie | eier | hinein | legen | ihre

Sie legen ihre Eier hinein.

bald | vögel | junge | aus | schlüpfen

Bald schlüpfen junge Vögel aus.

47

Manchmal ist es schwer, das Nomen im Satz zu finden,
wenn der Artikel weit weg steht.

Denke an Menschen,
Tiere, Pflanzen, Dinge!

Male in jedem Satz Artikel und Nomen in derselben Farbe an.
Schreibe dann beide Wörter auf.

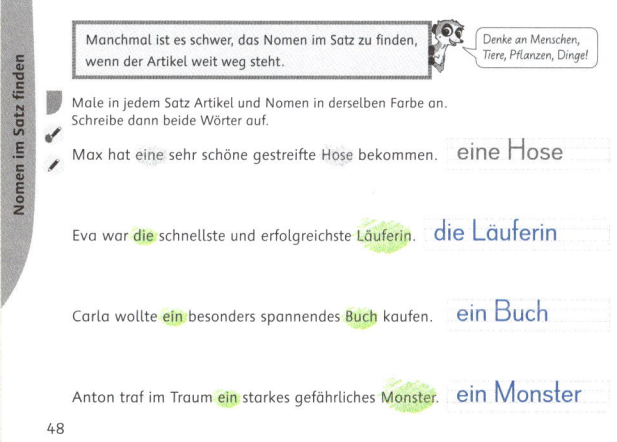

Max hat eine sehr schöne gestreifte Hose bekommen. eine Hose

Eva war die schnellste und erfolgreichste Läuferin. die Läuferin

Carla wollte ein besonders spannendes Buch kaufen. ein Buch

Anton traf im Traum ein starkes gefährliches Monster. ein Monster

48

31

## Blatt 49

Du kannst den Abstand zwischen Artikel und Nomen vergrößern, wenn du Adjektive dazwischenschiebst.

Aber du musst das Nomen trotzdem groß schreiben!

Beispiel:

> der Affe
> der kleine Affe
> der freche, kleine Affe

das Haus

das **weiße** Haus

das **kleine, weiße** Haus

alte • kleine • schöne • weiße

der Hut

der **bunte** Hut

der **schöne, bunte** Hut

bunte • große • neue • schöne

die Maus

die **graue** Maus

die **schnelle, graue** Maus

schnelle • neugierige • hungrige • graue

49

## Blatt 50

Erfinde ein Treppengedicht. Du musst wieder Adjektive zwischen Artikel und Nomen schreiben. Suche dir passende Adjektive aus.

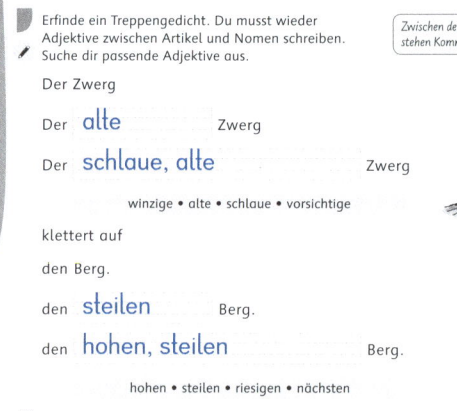

Zwischen den Adjektiven stehen Kommas.

Der Zwerg

Der **alte** Zwerg

Der **schlaue, alte** Zwerg

winzige • alte • schlaue • vorsichtige

klettert auf

den Berg.

den **steilen** Berg.

den **hohen, steilen** Berg.

hohen • steilen • riesigen • nächsten

50

## Blatt 51

Schreibe ein noch längeres Treppengedicht.

Der Riese

Der **alte** Riese

Der **alte, freundliche** Riese

Der **alte, freundliche, neugierige** Riese

große • alte • freundliche • neugierige

rennt über
die Wiese.

die **grüne** Wiese.

die **grüne, nasse** Wiese.

die **grüne, nasse, bunte** Wiese.

grüne • nasse • warme • bunte

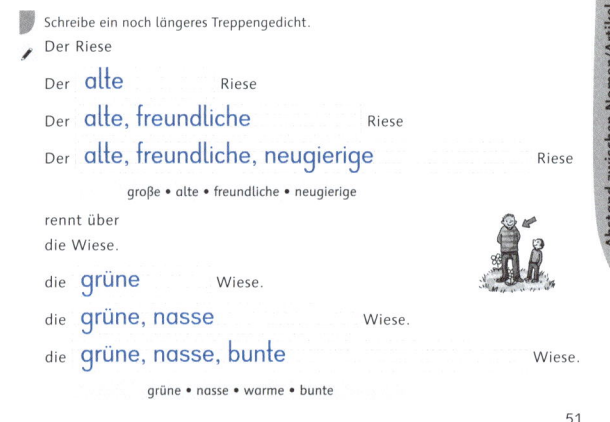

51

## Blatt 52

Das hast du in diesem Heft gelernt:
**Nomen schreibt man groß.**

Setze in die Lücken im Text passende Wörter ein. Denke daran, die Nomen groß zu schreiben.

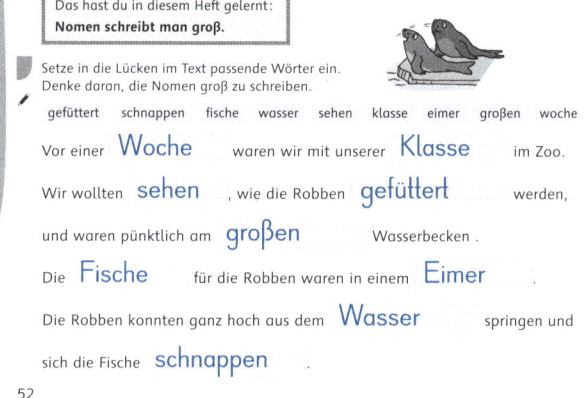

gefüttert schnappen fische wasser sehen klasse eimer großen woche

Vor einer **Woche** waren wir mit unserer **Klasse** im Zoo.

Wir wollten **sehen** , wie die Robben **gefüttert** werden,

und waren pünktlich am **großen** Wasserbecken .

Die **Fische** für die Robben waren in einem **Eimer** .

Die Robben konnten ganz hoch aus dem **Wasser** springen und

sich die Fische **schnappen** .

52

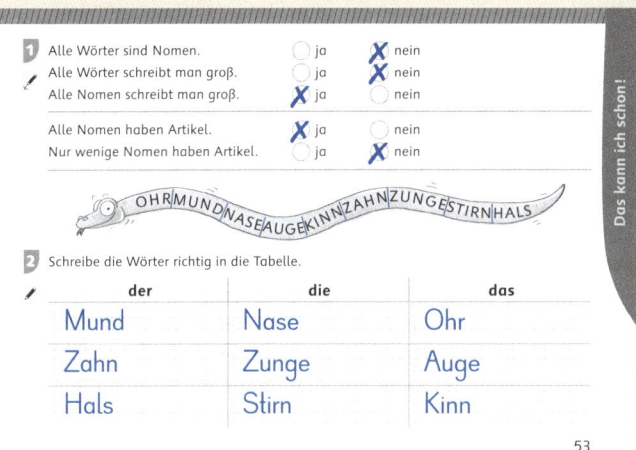

**1** Alle Wörter sind Nomen. ○ ja ✗ nein
Alle Wörter schreibt man groß. ○ ja ✗ nein
Alle Nomen schreibt man groß. ✗ ja ○ nein

Alle Nomen haben Artikel. ✗ ja ○ nein
Nur wenige Nomen haben Artikel. ○ ja ✗ nein

OHRMUNDNASEAUGEKINNZAHNZUNGESTIRNHALS

**2** Schreibe die Wörter richtig in die Tabelle.

| der | die | das |
|-----|-----|-----|
| Mund | Nase | Ohr |
| Zahn | Zunge | Auge |
| Hals | Stirn | Kinn |

53

**1** Am Ende eines Satzes steht immer ein Punkt. ○ ja ✗ nein
Es gibt verschiedene Satzzeichen am Satzende. ✗ ja ○ nein

Am Anfang eines Satzes schreibt man immer groß. ✗ ja ○ nein
Am Satzanfang schreibt man nur Nomen groß. ○ ja ✗ nein

**2** Trenne die Wörter ab und schreibe den Satz richtig.

jedensatzschreibtmanamanfanggroß

Jeden Satz schreibt man am Anfang groß.

**3** Setze die richtigen Satzzeichen ein.

Regnet es heute ?

Melina hat heute Geburtstag .

Morgen haben wir Sport .

Wollen wir uns verabreden ?

55

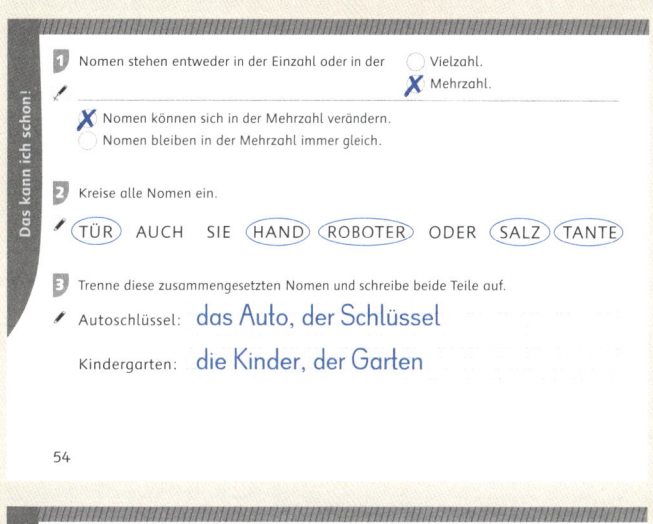

**1** Nomen stehen entweder in der Einzahl oder in der ○ Vielzahl. ✗ Mehrzahl.

✗ Nomen können sich in der Mehrzahl verändern.
○ Nomen bleiben in der Mehrzahl immer gleich.

**2** Kreise alle Nomen ein.

(TÜR) AUCH SIE (HAND) (ROBOTER) ODER (SALZ) (TANTE)

**3** Trenne diese zusammengesetzten Nomen und schreibe beide Teile auf.

Autoschlüssel: das Auto, der Schlüssel

Kindergarten: die Kinder, der Garten

54

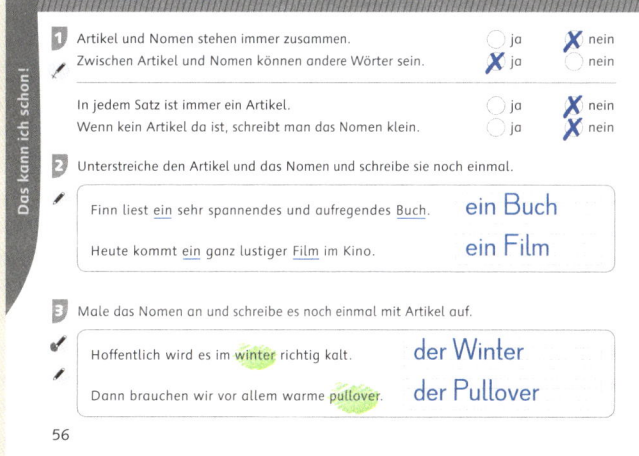

**1** Artikel und Nomen stehen immer zusammen. ○ ja ✗ nein
Zwischen Artikel und Nomen können andere Wörter sein. ✗ ja ○ nein

In jedem Satz ist immer ein Artikel. ○ ja ✗ nein
Wenn kein Artikel da ist, schreibt man das Nomen klein. ○ ja ✗ nein

**2** Unterstreiche den Artikel und das Nomen und schreibe sie noch einmal.

Finn liest ein sehr spannendes und aufregendes Buch. **ein Buch**

Heute kommt ein ganz lustiger Film im Kino. **ein Film**

**3** Male das Nomen an und schreibe es noch einmal mit Artikel auf.

Hoffentlich wird es im winter richtig kalt. **der Winter**

Dann brauchen wir vor allem warme pullover. **der Pullover**

56

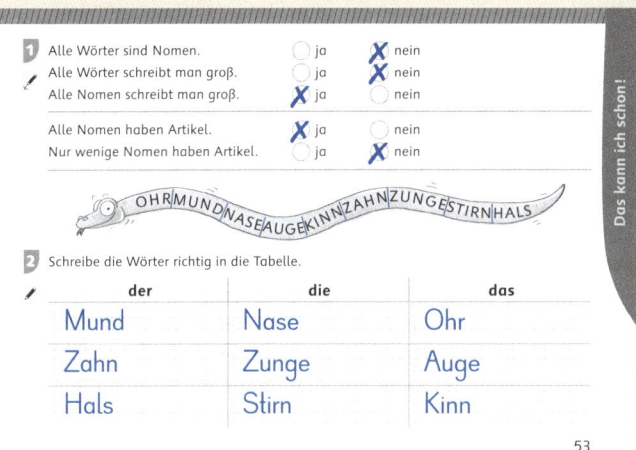
Das kann ich schon!

Lösungen

33

Wie kommt die Maus zum Käse?
Folge nur den Großbuchstaben, dann findest du den Weg.

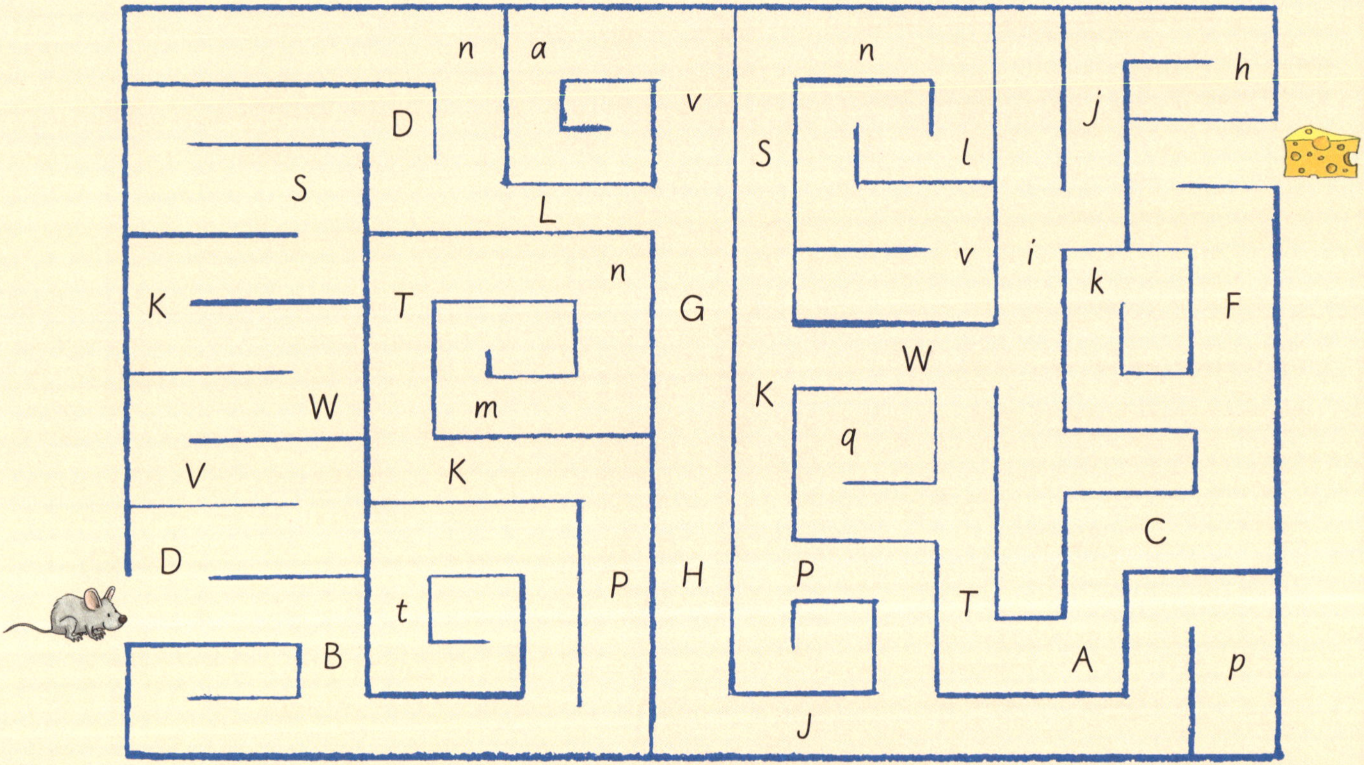

n  a  v
D
L
S  n
n  S  l  j  h
G  v  i
K  T  m  k  F
W  K  W
V  K  q
D  P  H  P  C
t  T
B  J  A  p

> Ein Nomen kann aus zwei oder mehreren Wörtern zusammengesetzt sein.

 Setze zusammen und schreibe auf.

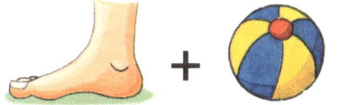          

35

Welche zwei Nomen sind hier zusammengesetzt?
Trenne sie ab und schreibe sie noch einmal auf.

das Segel|boot    **das Segel, das Boot**

der Schneemann

die Tafelkreide

der Zahnarzt

das Würfelspiel

der Regenwurm

die Taucherbrille

36

Finde im Text alle zusammengesetzten Nomen und male sie an.
Schreibe sie unten getrennt auf.

Heute ist das Schulfest. Zum Glück ist herrliches Sommerwetter.

Am Waffelstand stehen schon viele Kinder.

Manche wollen auch zum Angelspiel und zur Torwand.

Im Garten gibt es Grillwürstchen.

Schulfest – die Schule, das Fest

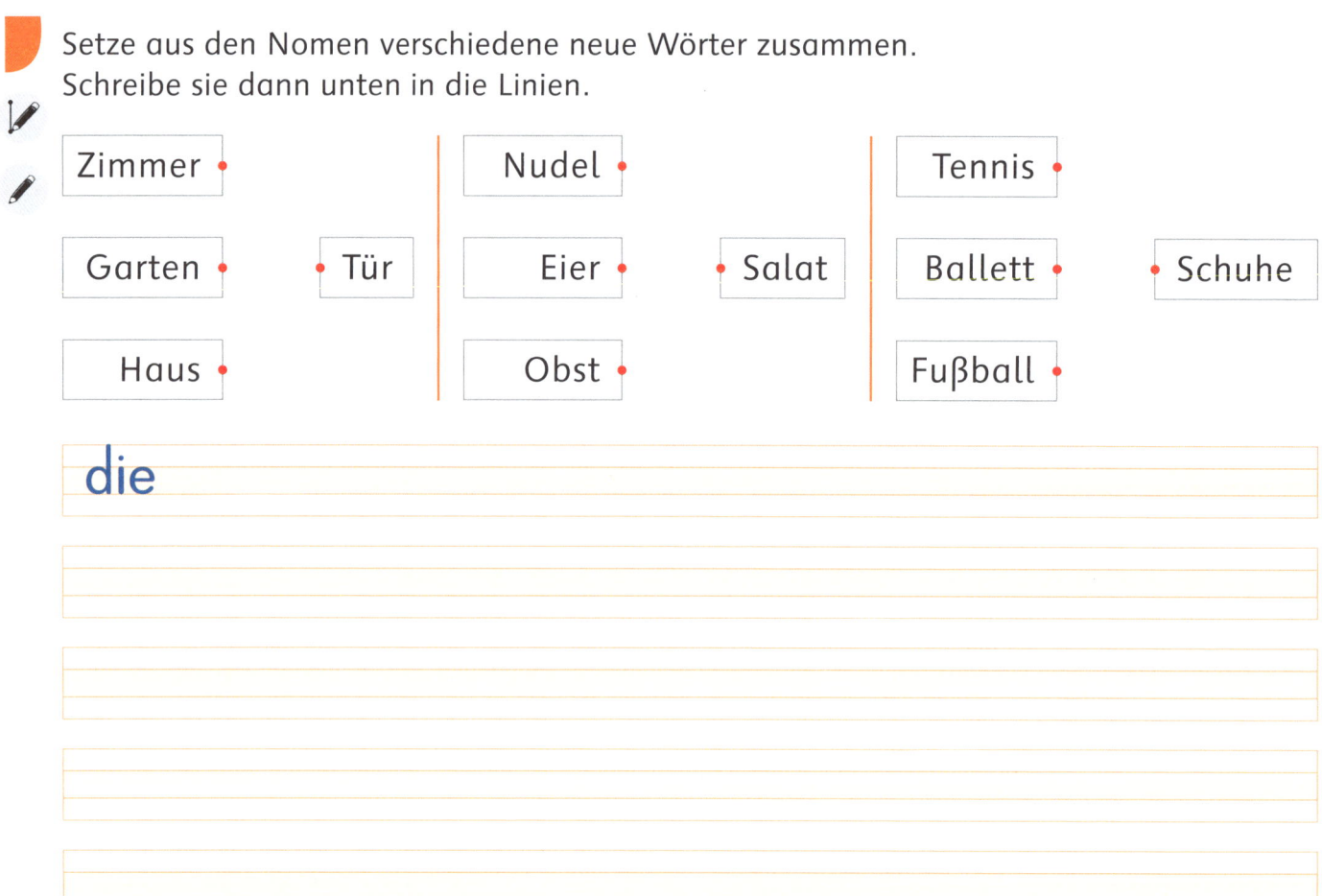

Setze aus den Nomen verschiedene neue Wörter zusammen.
Schreibe sie dann unten in die Linien.

| Zimmer • | | Nudel • | | Tennis • | |
|---|---|---|---|---|---|
| Garten • | • Tür | Eier • | • Salat | Ballett • | • Schuhe |
| Haus • | | Obst • | | Fußball • | |

die

Denke dir eigene zusammengesetzte Nomen aus.
Schreibe immer ein passendes Nomen dazu. Es gibt verschiedene Lösungen.

Regen

Auto

Gummi

Salat

Pausen

Apfel

Garten

Winter

Vogel

Tafel

Hunde

Nudel

Außer den **Nomen** werden auch alle Wörter groß-geschrieben, die **am Anfang eines Satzes** stehen.

Egal, was es für ein Wort ist!

**1** Male in jedem Satz den Satzanfang und alle Nomen bunt an.

Auf dem Schulhof gibt es ein Baumhaus und ein Klettergerüst.

Jonas und Amir klettern die Leiter zum Baumhaus hoch.

Sie lachen laut und rufen ihre Freunde.

**2** Schreibe am Satzanfang den richtigen Buchstaben dazu.
Denke daran, dass du ihn großschreiben musst. Male alle Nomen an.

_____wei Mädchen laufen zum Klettergerüst.

_____edes will zuerst dort sein.

_____ber da ist die Pause schon wieder zu Ende.

Am **Ende eines Satzes** steht ein **Satzzeichen**:
**Punkt, Fragezeichen oder Ausrufezeichen**.

**1** Setze in jedem Satz den Anfangsbuchstaben richtig ein.
Setze am Ende einen Punkt **.** oder ein Fragezeichen **?**

☐ orgen geht die Klasse **2b** in den Zoo ☐

☐ ie Kinder haben viele Fragen ☐      ☐ achen wir auch ein Picknick ☐

☐ ürfen wir die Tiere füttern ☐      ☐ ann fahren wir los ☐

☐ ibt es dort auch Elefanten ☐      ☐ ie Lehrerin antwortet geduldig ☐

**2** Male in dem Text oben alle Nomen an und schreibe sie mit Artikel hier auf.

die Klasse,

41

Finde in jedem Satz ein oder mehrere Nomen.
Male sie an und schreibe den Satz noch einmal richtig auf.

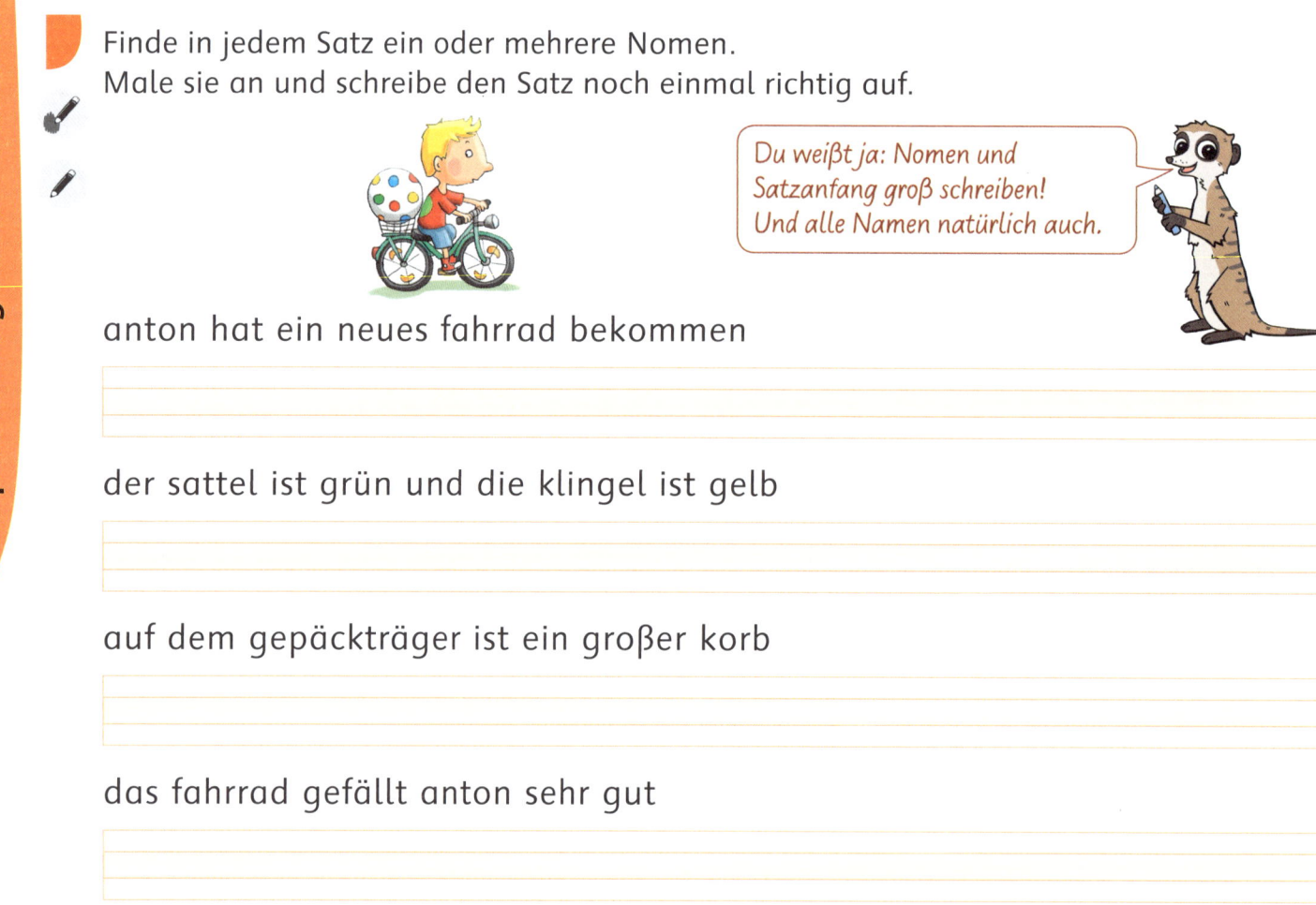

Du weißt ja: Nomen und
Satzanfang groß schreiben!
Und alle Namen natürlich auch.

anton hat ein neues fahrrad bekommen

der sattel ist grün und die klingel ist gelb

auf dem gepäckträger ist ein großer korb

das fahrrad gefällt anton sehr gut

Bilde aus den Wörtern Sätze und schreibe sie auf.
Schreibe den Satzanfang und alle Nomen groß.
Setze am Ende das richtige Satzzeichen.

| Leonie | auf | schulhof | dem | spielt |

| sie | wartet | freundin | auf | ihre |

| da | schon | Marie | kommt |

| sie | roller | ihren | hat | mitgebracht |

Trenne in den Wörterschlangen die Wörter ab.
Male den Satzanfang und alle Nomen an.
Schreibe die Sätze richtig auf.

Vergiss am Ende
den Punkt nicht.

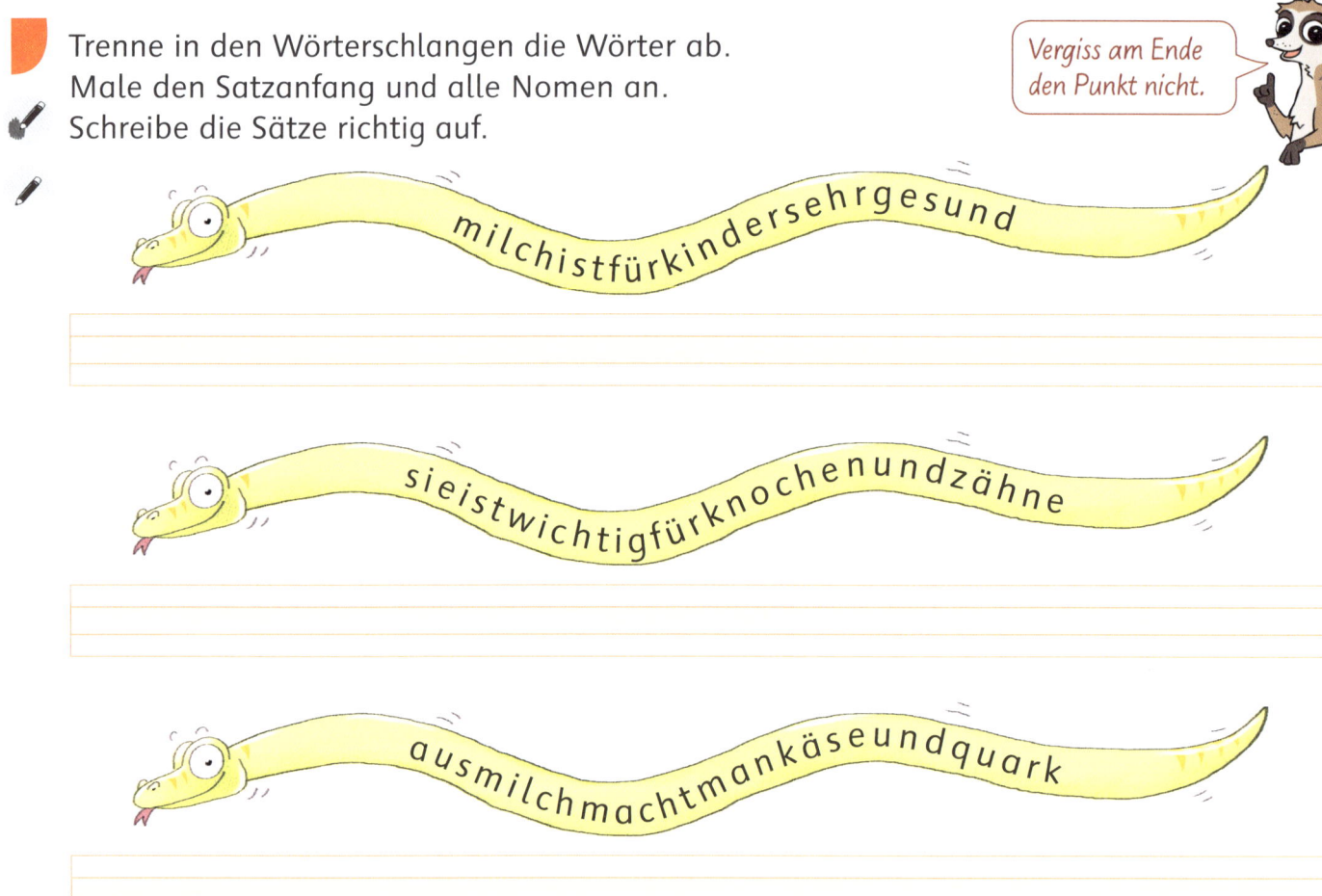

milchistfürkindersehrgesund

sieistwichtigfürknochenundzähne

ausmilchmachtmankäseundquark

44

Setze in jedem Satz den Satzanfang richtig ein.
Male alle Nomen an. Schreibe sie mit Artikel in die Linien.

_____ s ist ein tier. _____ s lebt auf dem bauernhof. _____ uf seinem rücken hat es

wolle. _____ araus können wir pullover stricken. _____ s ist ein [          ] !

## das Tier,

_____ s ist eine pflanze. _____ ie wächst auf der wiese. _____ hre blüten sind gelb.

_____ ie blätter sehen aus wie zähne. _____ s ist [          ] !

## die Pflanze,

45

Manchmal ist gar kein Artikel im Satz. Dann musst du überlegen, ob das Wort einen Artikel **haben kann**.

*Das ist ganz schön schwer! Überprüfe jedes Wort.*

Male in jedem Satz das Nomen an und schreibe es mit Artikel auf.

Heute ist schönes wetter.

 das Wetter

Was trinken kinder gern?

Pia hat hohes fieber.

Wir haben nur noch altes brot.

Ich sehe viele wolken.

46

Setze aus den Wörtern passende Sätze zusammen.
Schreibe sie richtig in die Linien.

| viele | bauen | nest | ein | vögel |

---
---
---

| sie | eier | hinein | legen | ihre |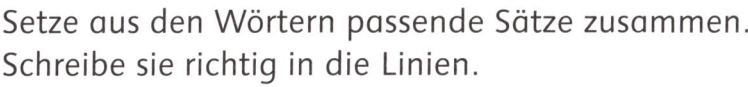

---
---
---

| bald | vögel | junge | aus | schlüpfen |

---
---
---

Manchmal ist es schwer, das Nomen im Satz zu finden, wenn der Artikel weit weg steht.

Denke an Menschen, Tiere, Pflanzen, Dinge!

Male in jedem Satz Artikel und Nomen in derselben Farbe an. Schreibe dann beide Wörter auf.

Max hat eine sehr schöne gestreifte Hose bekommen.

Eva war die schnellste und erfolgreichste Läuferin.

Carla wollte ein besonders spannendes Buch kaufen.

Anton traf im Traum ein starkes gefährliches Monster.

Du kannst den Abstand zwischen Artikel und Nomen vergrößern, wenn du Adjektive dazwischenschiebst.

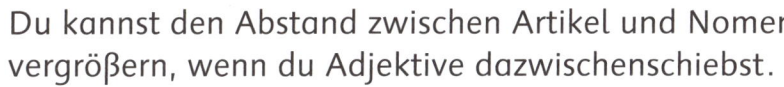

Beispiel:

> der Affe
>
> der kleine Affe
>
> der freche, kleine Affe

das Haus

das ⬚ Haus

das ⬚ Haus

alte • kleine • schöne • weiße

der Hut

der ⬚ Hut

der ⬚ Hut

bunte • große • neue • schöne

die Maus

die ⬚ Maus

die ⬚ Maus

schnelle • neugierige • hungrige • graue

Aber du musst das Nomen trotzdem groß schreiben!

49

Erfinde ein Treppengedicht. Du musst wieder
Adjektive zwischen Artikel und Nomen schreiben.
Suche dir passende Adjektive aus.

*Zwischen den Adjektiven
stehen Kommas.*

Der Zwerg

Der _____ Zwerg

Der _____ Zwerg

> winzige • alte • schlaue • vorsichtige

klettert auf

den Berg.

den _____ Berg.

den _____ Berg.

> hohen • steilen • riesigen • nächsten

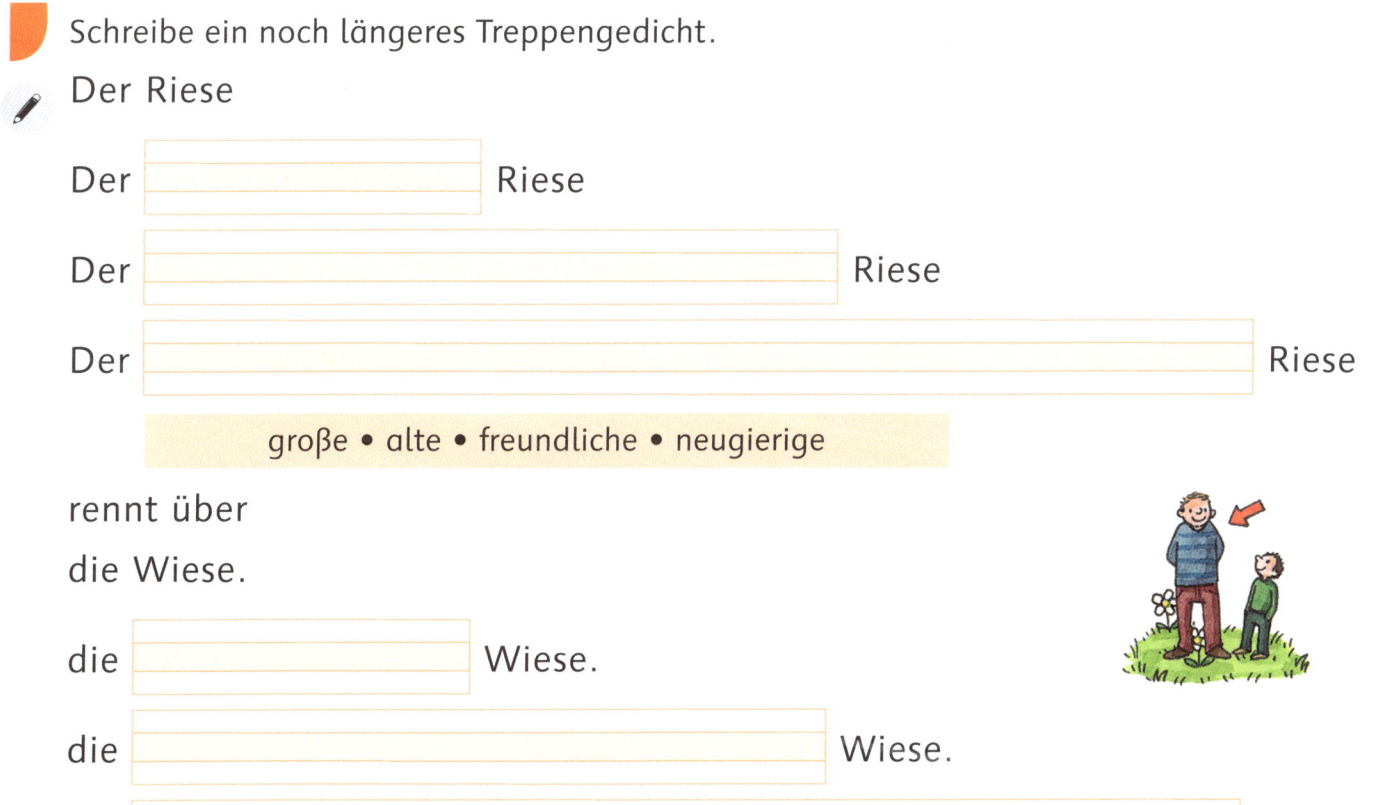

Schreibe ein noch längeres Treppengedicht.

Der Riese

Der _____ Riese

Der _____ Riese

Der _____ Riese

große • alte • freundliche • neugierige

rennt über

die Wiese.

die _____ Wiese.

die _____ Wiese.

die _____ Wiese.

grüne • nasse • warme • bunte

Das hast du in diesem Heft gelernt:
**Nomen schreibt man groß.**

Setze in die Lücken im Text passende Wörter ein.
Denke daran, die Nomen groß zu schreiben.

| gefüttert | schnappen | fische | wasser | sehen | klasse | eimer | großen | woche |

Vor einer _____ waren wir mit unserer _____ im Zoo.

Wir wollten _____, wie die Robben _____ werden,

und waren pünktlich am _____ Wasserbecken .

Die _____ für die Robben waren in einem _____ .

Die Robben konnten ganz hoch aus dem _____ springen und

sich die Fische _____ .

52

**1** Alle Wörter sind Nomen.    ◯ ja    ◯ nein

Alle Wörter schreibt man groß.    ◯ ja    ◯ nein

Alle Nomen schreibt man groß.    ◯ ja    ◯ nein

Alle Nomen haben Artikel.    ◯ ja    ◯ nein

Nur wenige Nomen haben Artikel.    ◯ ja    ◯ nein

OHRMUNDNASEAUGEKINNZAHNZUNGESTIRNHALS

**2** Schreibe die Wörter richtig in die Tabelle.

| der | die | das |
|-----|-----|-----|
|  |  |  |
|  |  |  |
|  |  |  |

**1** Nomen stehen entweder in der Einzahl oder in der ◯ Vielzahl.
◯ Mehrzahl.

◯ Nomen können sich in der Mehrzahl verändern.
◯ Nomen bleiben in der Mehrzahl immer gleich.

**2** Kreise alle Nomen ein.

TÜR   AUCH   SIE   HAND   ROBOTER   ODER   SALZ   TANTE

**3** Trenne diese zusammengesetzten Nomen und schreibe beide Teile auf.

Autoschlüssel:

Kindergarten:

**1** Am Ende eines Satzes steht immer ein Punkt. ◯ ja ◯ nein

Es gibt verschiedene Satzzeichen am Satzende. ◯ ja ◯ nein

Am Anfang eines Satzes schreibt man immer groß. ◯ ja ◯ nein

Am Satzanfang schreibt man nur Nomen groß. ◯ ja ◯ nein

**2** Trenne die Wörter ab und schreibe den Satz richtig.

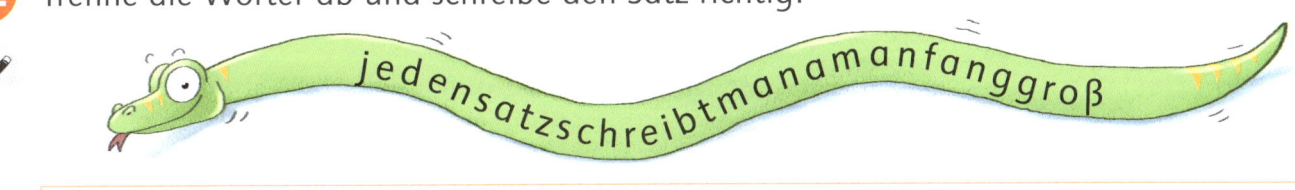

jedensatzschreibtmanamanfanggroß

**3** Setze die richtigen Satzzeichen ein.

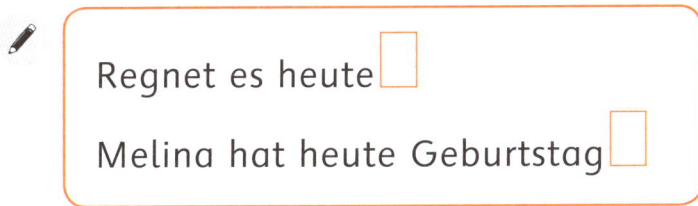

Regnet es heute ☐

Melina hat heute Geburtstag ☐

Morgen haben wir Sport ☐

Wollen wir uns verabreden ☐

**1** Artikel und Nomen stehen immer zusammen.  ◯ ja  ◯ nein

Zwischen Artikel und Nomen können andere Wörter sein.  ◯ ja  ◯ nein

In jedem Satz ist immer ein Artikel.  ◯ ja  ◯ nein

Wenn kein Artikel da ist, schreibt man das Nomen klein.  ◯ ja  ◯ nein

**2** Unterstreiche den Artikel und das Nomen und schreibe sie noch einmal.

Finn liest ein sehr spannendes und aufregendes Buch.

Heute kommt ein ganz lustiger Film im Kino.

**3** Male das Nomen an und schreibe es noch einmal mit Artikel auf.

Hoffentlich wird es im winter richtig kalt.

Dann brauchen wir vor allem warme pullover.